JN409959

물방울의 길

염종선 시집

시인의 말

하늘에도 바다에도 땅에도 길이 있다는데, 그야말로 자그마한 오해로 인해 인생의 길이 어긋난 중학교 시절이었다. 0학년의 학기말 시험 일 주일 간의 벼락공부로 영어, 국어, 지리, 기술 등의 과목 100점 만점이었으며, 기타 과목도 70점 이상으로 상위권 진입에 성공한다. 그러나 부정행위를 했다는 선생님의 터무니없는 의심으로 구타를 당한다.

절반의 점수로 성적표를 받고 어린 나이에 큰 상처를 입어 학업에 대한 꿈 또한 멋진 삶의 꿈을 접는다. 그 이후 특별한 주관 없이 갈팡질팡 신안동의 작은형님으로 하류 인생의 길을 걷게 된다.

해병대 전역 후 무에서 유를 창조하는 해병대의 강인한 정신으로 새로운 길을 찾는다. 보라는 듯 독학으로 전기수학 전달함수 라플라스변화 미분방적 등을 터득하여 전기기사 외 여러 자격증을 취득할 때까지는 벼락공부가 통했다.

그러나 매주 금요일 아침 즉흥적으로 시를 써가지만 파작을 써내는 불운을 겪는다. 배재대 평생교육원에서 강희안 교수님을 만나 말을 배우기 시작한다. 정교하게 언어를 갈고 닦아야 한다는 사실을 깨달은 것이 결정적인 계기가 되어 현재의 시집을 내는 데까지 가르침을 이어가고 있다

청년기에 올바르지 못한 선택으로 천상가상에 드신 부모님과 형제자매, 그리고 주변의 모든 이들께 기대에 어긋나는 행동으로 마음고생을 시켜드린 점 깊이 사죄를 드리고 싶다.

'사나운 사자나 호랑이는 지쳐 잠든 먹이를 덮치지 않는다'라는 의미를 가슴 깊이 새기며 국가안보와 지역사회 발전을 위하여 봉사 활동에 매진하고 있다.

외손자 윤서 승현 파이팅

염종선

차례

1부

2부

3부

4부

제 1 부

물방울
의길

더하기(+)와 나누기(÷)

살랑살랑 산들바람에
속이 노랗게 꽉 찬 고랭지 배추가
치마끈을 한풀 한풀 풀어 헤친다
바람과 햇빛으로 수분이 증발된
천일염에 숨을 죽인 채
얌전한 새색시가 되어 화장을 기다린다

살이 토실토실 오른 강경의 생새우
처녀 종아리처럼 쭉 빠진 땅끝 해남 무
대청호 물안개 먹고 자란
옥천의 찹쌀풀이 어우러진다

맛을 더해 주는 서산 생강 마늘
쪽파 갓을 더해
하하 호호 청양 태양초 고춧가루
주물럭주물럭 켜켜이 속을 넣는다

아낌없이 내어주는 따듯한 인정들이

성당의 좁은 마당에
바다와 육지를 통째로 옮겨다 놓았다
맵고 짜서 눈물 콧물이 쏟아져도
열 개의 손가락 분주한 만큼
열 가지 맛이 조화를 이룬다

절여진 파김치처럼 흐물흐물
불빛마저 끊어진 추운 골목길
더하고 나눔은
얼어붙은 마음에 불쏘시개가 된다
독거 노인 주절 어린 가장 재잘

물방울의 길

그려 받기만 하고 내어주지 못해
하루가 다르게
철퍽철퍽 출렁이는 뱃살
기름지게 늘어져
힘든 다이어트를 시작했다

갈릴레아 호수는
헐몬 산에 덮여 있는 눈이 녹아내려
자연스럽게 흘러들어오고
사해바다로 내보내는 나눔으로
숲이 우거지고 생명들의 처소로
어족들이 떼 지어 유영 한다

소화불량에 변비가 걸린 듯
물꼬가 없어 고여 있는 사해
염분 농도가 높아
어떤 생명체도 살 수 없는
황량하게 펼쳐진 모래사막뿐

찰찰 비우면 차고
내려놓으면 깃털처럼 가벼운 것을
무엇을 채우고자
이렇게 힘겹게 엉켜
작은 물방울이 강물이 되느냐

민방위 훈련

1) 경계경보
평화롭고 온화하던 안방마님
두 얼굴로 나타나 날카로운 눈꼬리에서
강풍이 불 것으로는 예상되나
바람은 불다가도 그치므로
침묵하며 기다리는 것이 최상의 선택인바
대피훈련 준비가 필요하다

2) 공습경보
부질없는 허세와 허풍을 반성하지 않고
잘난 척하고 대들다간
최악의 토네이도로 돌변 걷잡을 수 없는 상황으로 발달하므로
거센 강풍을 피하여 대피소로 이동했던 바
눈치나 살피는 자숙의 기간에는 인내심이 요구된다

3) 경보해제
스스로를 현실감 있게 돌아볼 기회를 틈타
사랑이 담긴 잔소리로 남기고 잠이 들면

미소를 머금고 바라볼 여유가 생기므로
위급한 상황이라도 바람막이가 든든했다면
이리저리 휘둘리지 않는 법을 터득했을 터

4) 일상복귀
백년을 살아도 부부의 마음은 난해하고
성격이 같아서 사는 것도 아니었다
다만 맞추면서 살아가는 지혜가
삶의 중심으로 자리매김하려면
아슬한 위기를 모면하는 훈련이 필요하다

인사청문회

명태는 그물에 걸려 잡히면
넉넉히 먹거리 기대를 채워주네
사계절 미각에 따라
명태 생태 동태 코다리 노가리 북어 황태 등
쓰임새에 따라 이름으로 바뀌네

관운 좋은 황태나 북어는
부자의 성공기원 고사 상에 오르는 행운으로
근엄한 회장님 삼 배 절을 받고
통 큰 수문장으로 임명되어
영웅호걸이 된 듯 허세까지 부리네

어쩌다 액운이 낀 삼재에 들어
술주정꾼 아내에게 걸리면
화풀이 방망이로 온몸이 망신창이가 되어
뚝배기 해장국 신세가 되기도 하네

기왕지사 태어났으면 줄이라도 잘 서서

금배지 나리님 앞에 나와
소갈은 명란젓 배알은 창난젓 알은 탕으로
하나도 버릴 것 없다는
세상 일품이라 당당하게 말해야지

노가리처럼 말라비틀어진 허황된 양심으로
뼛속까지 재탕 삼탕 우려먹는
어리석음과 거짓 변명으로
연신 머리 조아리며 낙마는 말아야지
명태라는 야누스의 얼굴을 지우고 싶네

일방통행

대전 당진 간 고속도로를
쌩쌩 달리다 보면
아슬아슬한 높은 다리가
어찌나 많은지
구름을 타고 하늘을 날아가는 듯하다

면천 IC를 빠져나가
과일 파는 노점상에 들렀더니
까무잡잡한 얼굴에
한껏 멋을 부린 중년 여인이
파리채를 들고 꾸벅꾸벅 졸고 있다

▶ 아주머니 수박 하나 주세요
알아서 가져가 ~유
▶ 얼만데요?
알아서 줘~유
▶ 만원이면 되나요
수박밭을 갈아엎던지 해야~지

▶ 만삼천 원이면 되나요
속 터지 내~유
▶ 만오천 원이면 되나요
됐시~유 놓고 가져가~유

장사를 하는 것인지 시비를 거는지
누가 이 사람을 이렇게 만들었는지
일방통행 역주행을 일삼는
지방선거 후보자들을 보는 것 같아
나도 모르게 입이 씰룩거린다

황태의 자격

바다 깊은 줄 모르고
떼거리로 몰려다니다가
성근 정치망에 걸려
비몽사몽 엎치락뒤치락거린다

혹독한 추위 속 덕장에서
코다리 신세로 매달려
눈보라를 맞으며
얼고 녹기를 반복하다가
마침내 황태로 거듭났다

팔자가 사나운지
화풀이 방망이로
온 몸이 만신창이가 되도록
얻어맞아야 자격을 갖춘다

꽁꽁 얼어붙은 허허로운 가슴들
따끈따근 풀어내기 위해
갈기갈기 찢긴 몸으로

뚝배기 안에서
보글보글 한겨울을 풀어 놓는다

조류독감(AI)

하늘을 자유롭게 훨훨 날으는 철새는
방공식별구역 존재를 모른다
겨울의 진객 두루미 고니 기러기가
대륙을 횡단하여
금강 하구에 거처를 마련했다

마령포 저녁노을이 바다에 잠길 즈음
창공은 행진 준비에 소란스럽다
이구동성으로 께께까까 조잘거리며
하늘을 뒤덮은 가창오리 떼의 물결
화려한 군무가 장관이다

조류인플루엔자 고병원성 AI
전염병을 옮기는 진화하는 변종 바이러스다
조류가 떼죽음 당하듯
사람에게도 하늘길이 열려 있어
알아도 막거나 대처할 방법이 없다

차례차례 순번 대기표를 받아

입맛 다시며 줄 서서 기다리던
유명세에 북새통을 이루던
한방 오리집 현관문에
폐업이란 글자가 나붙기 시작했다

실직자

누가 만들었는지 모를
마을의 역사와 함께 한
동네 한가운데 차지한 우물

물을 긷지 않으면
우물이 죽는다고
꼬부라진 허릿살로
두레박질을 하시던
할머니는 언제부터인가 보이지 않는다

밤마실 나와 우물가에 옹기종기
하하 호호 깔깔대며
집집마다 섬세한 족보를 들춰내는
아낙네 수다 소리는 그친 지 오래다

날마다 퍼주는 넉넉한 물길
마르지 않는데
두레박은 할 일을 잊고
헛간에 걸린 천덕꾸러기 신세

물속에 덩그러니 떠 있는
흰 달이 출구를 찾지 못하고 있다

연어의 꿈

삶의 끝자락에 접어든 실향민
이념의 장벽을 넘지 못하고 있다
희망은 이산가족 방문을 통해서
그리워하던 고향땅 밟고 싶었지만
이젠 머리가 희다 못해 빛이 바랬다

차라리 어릿광대의 몸짓으로
고향산천을 나 홀로 떠난 연어
망망대해의 거친 바다에 몸을 던져
시련에 맞서 힘들고 두려웠을 법도 한데
혼신의 힘으로 살아남았다

산전수전 다 겪은 만고 끝에
어미의 강 남대천을 찾아
수만리 물길을 거슬러 올라온 연어 떼
마지막 안간힘으로
투명한 알을 낳고 죽음의 양분을 남긴다

이산가족 상봉이 이루어진 날이다

신종 미꾸라지

신종 미꾸라지 한 마리
세상 밖으로 나온 지 일 년
잠잠하던 한강물이 시뻘건 흙탕물로 요동을 친다

송사리떼 피라미떼 부추김에 들떠
뒤돌아본 순간
싹쓸이 정치망에 갇혀 출구가 보이질 않는다

탈출 기회를 엿보던 중
웅어의 간절한 요청에 도와주는 척
그야말로 천신만고 끝에 요리저리 길을 뚫는다

웅덩이를 떠나 종횡무진 새로운 물맛을 찾으려는 뱀장어와
철옹성 같은 진흙탕을 지키려는 가물치 틈바구니에서
어물전 망신시킬까 두려움에 피신했다가
요리저리 물살을 가르며 한강에 입성했단다

당분간 진흙탕 미꾸라지로 남을 것인지
바다의 용이 될 것인지는 지켜볼 일이다

솔개

어민들의 호미 대신
포크레인 점령군으로 갯벌에 들어와
개발의 영역에
터전을 빼앗긴 솔개는 잊혀진 새가 되었다

구부러진 부리
낡아 사냥감을 낚아챌 수 없는 발톱
무거워진 깃털 때문에 날 수 없는 날개로
낚시꾼이 흘린 갯지렁이로 굶주림을 면했다

한때는 먹이사슬의 우두머리로
하늘을 누볐건만
절반의 수명에서
죽음을 받아들일 것인가
고통을 이기고 새로운 삶을 얻을 것인가
생과 사를 넘나드는 일생일대의 선택이 필요하다

아무나 오를 수 없는 고압선 철탑에 올라
부리가 피투성이가 되어 뽑혀 나가도록

소리를 질러 현실의 고통을 넘고
새로 나온 부리 발톱과 깃털로 새 삶을 시작하리라

소통과 불통

첫 외손자가 태어나 한 아름에 안아본
두근두근 설레임으로 맞는 큰 축복이다
아들딸 키울 때보다 기쁨이 몇 배로 크고
애지중지 손자를 사랑하시던 외증조할머니와
어머니의 마음을 이제 어렴풋이 알 것도 같다

아내가 손자를 돌봐주고 있다
내심 좋으면서 걱정거리는
아직 말을 못 떼니 눈치로서 가늠할 뿐이다
잘 놀다가도 칭얼대고 때때로 울어대는
아기의 요구 사항은 매우 다양하다

어디 아픈지 잠을 안 자고 칭얼대서
안아주며 달래도 막무가내 떼를 쓴다
실제로 다른 문제가 있다
함께 재롱을 피우며 놀아 주기를 원하니
밤 12시가 넘어도 끝이 없다

발만 동동 구르니 서로 눈을 맞추고

대화할 날이 오기를 기다릴 뿐이다
말의 고리로 연결된 직통노선
그때가 되면 아이의 이야기를 온전히
들어주고 받아주면 될 것이다

배가 고픈가 해서 먹을 것을 주면
오줌 싼 기저귀가 원인이듯
그야말로 교감 없는 소통은 불통이다

사물놀이 국정감사

마당놀이의 양대 산맥을 이루는
한마당 민마당 사물놀이 풍물단이
전국순회공연을 맞대결로 치르면서
사사건건 불신의 대립각에 파행으로 이끌며
마당을 편 관계 기관장을 불러
말 같지도 않은 소리를 잔뜩 쏟아냅니다

자신들의 얼굴만 띄우려는
인기몰이에 사활을 거는 듯
관객동원 홍보에 열을 올린다
공연보다는 입담으로 한몫하며
비방과 고함으로 맞대응
그야말로 요지경 난장판입니다

상쇠의 꽹가리 리더에
장구와 북을 치고 상모를 돌려
저마다의 장단이 맞을 때
어깨가 저절로 덩실거리는
흥타령 놀이판이 벌어진다 것을

까마득히 잊은 듯합니다

이젠 허튼소리 그만하고
익살과 해학이 넘치는 만담으로
웃음과 기쁨을 노래하는
품바 각설이 엿장수 가위 장단에
어깨와 어깨가 어우러져 벽이나 허물어 보세
어얼쑤 쾌지나칭칭나네

사랑의 방정식

80년식의 음악다방이 자취를 감추면서
약속장소의 대명사 은행동 이안경원 앞이
이젠 으능정이 문화의 거리로 바뀌었다

진공관 트랜지스터 아날로그 시절
옛 시간의 형상과 아롱지던 회상의 언덕은
최첨단 디지털시대에 밀려 기억조차 흐려진다

어둠이 대낮같이 환해지는 LED 빛의 향연
스카이로드 영상 쇼를 즐기며 데이트하는
청춘남녀의 사랑법도 시대의 흐름이다

순수한 자연미가 있었던 시절에 비해
허세와 거짓을 감추는 금욕만능주의로
평생의 협력자를 만나는 것이 어렵고
만나더라도 나는 나 너는 너인 것이다

△ + ▽ = ☆
외로운 독립 개체인

정삼각형과 역삼각형이 따로따로 생활하다
인연의 연줄로 맺어지면
정상 결합 상태인 육각형도 되고
눈부신 빛을 발하는 별로 뜰 것이다

설사

짙게 깔린 해무 속에
어둠이 바다를 차츰차츰 잠식해갈쯤
먼 해상에서 먹구름을 동반한
해일성 파도가 요동치며 밀려온다

대피할 시간조차 없이
순식간에 철옹성 같은 방파제를 때린다
시퍼렇게 멍든 둑이 무너지고
물고가 맥없이 터진다
걷잡을 수 없는 물살이다

오대양 육대륙에
밀려와 쌓였던 것들
남김없이 쓸려간다
그칠 줄 모르는 폭풍우
무더위에 지친 것들을 쓸어간다

태풍이 불어야 사는 바다
맞서야 하는 것이 아니라

스스로 울부짖여야 하는 것이다

벌초

구순을 바라보는 꼬부랑 노인*이
예초기를 둘러맨
머리가 허연 아들을 앞세우고
낫 하나 들고 부모님 산소에 오른다
걸음걸이가 버거운지
연신 거친 숨을 몰아쉰다

집에서 쉬라는 자식들의 만류에
못 믿어서가 아니다
굵게 파인 주름살마저 뭉개진 자리
검버섯이 다글다글 피듯
빼곡히 자리 잡은 쑥부쟁이 뿌리마저
손수 뽑고 싶은 것이다

먼지 쌓인 석상을 닦아내고
대추 밤 사과 명태포 차려놓고
고요로이 술잔을 올린다
이제야 마음이 놓이나 보다
삭정이보다 더 메마른 눈가에

시린 노을빛이 서려 있다

잡초 뽑은 구덩이 메우고
홀가분 내려오는 발길
내년을 기약하며 연방 뒤를 돌아본다
미명의 가지 끝에서
참매미의 볼멘 울음소리가
후미진 귓가에 울리고 있다

* 작은아버지 2015년 9월 6일 하느님의 부르심을 받음

모종의 힘

언 땅을 녹이려는 햇살이
봄바람에 꿈틀거린다
건강한 먹거리를 섭취하겠다는
호기심에 발동이 걸려
땅을 갈아엎어 모종을 했다

하루하루 바쁘게 지내다
몇 주일이 지나 밭에 가보니
어느새 잡풀이 무성하게 돋아 있다
채소들은 저마다의 몸부림으로
힘겨운 사투를 벌이고 있다

질긴 잡초를 뽑아내고
고춧대를 세워 줄을 매주니
모양새가 아주 좋아졌다
눈으로만 쳐다보던 농삿일
시작하고 보니 만만치 않다

식물도 주인의 애정 어린

섬세한 손길이 필요하다
오만 가지 잡풀
시도 때도 없이 비집고 들어와
터를 잡고 주인 행세를 한다

여기저기 할퀴고 찌르고
칭칭 감는 덩굴같은
싹수가 노오란 잡초
단호한 제거 대상이므로
빈틈을 내주지 말아야 한다

제2부

물방울
의길

마술사

응애응애
수정같이 흐르는 맑은 물소리에
보들보들
버들강아지 봄 망울 터뜨린다

옹알옹알
나뭇가지 뾰족뾰족 움터 나올 때
까릇 까르릇
종달새 지저귀고

칭얼칭얼
젖 물리고 자장가 불러주니
토닥토닥
떡잎 새순이 자란다

방울방울
시간이 흐를수록 재롱 떨구니
둥개둥개
내 사랑 웃음꽃 피운다

몽돌

밤새 출렁이며 포말을 만들던 파도
썰물을 따라 어느새 저만치 달아나
신비로운 무창포의 바닷길이 열린다

희미해진 별빛이 서서히 사라지자
멀리 수평선 너머로 붉은 여명이
조금씩 빠른 속도로 펼쳐진다

흰 떡가루처럼 부드러운 모래 위에
날카로운 서슬마저 깎인
올망졸망한 몽돌이 깔려 있다

물방울이 몽돌을 스치며 부서져
알싸한 선율을 토해낸다
아픔 없는 사랑이 어디 있으랴

명주잠자리

유년시절 여름철이면 칡넝쿨을 걷어다
나무 사이에 줄을 엮어 관객 없는
서커스 공연을 즐기면서
때론 어설픈 유격장 조교가 되기도 하였다

감독이며 연출자는
왕개미를 배우로 선택하여 줄에 올려놓으면
병사들이 사열을 하듯
선두 주자가 택한 길을 따라 질서 있게 움직인다.

대열에서 이탈한 것도 아닌데
시간이 지날수록 숫자가 줄었다
눈여겨본 결과 나무 밑이나 모래언덕에 `
개미지옥*이란 함정이 있다
무심코 지나가다 빠지면 나오지 못하는데
애벌레가 숨어 있다가 먹이 사냥을 하는 것이다

이 땅의 청춘들이여
설 자리가 없다고 두려워 마라

어두운 땅 속에서 살아가는 개미귀신도
살아남기 위해 허기를 달래며 긴 세월을 기다린다

번데기에서 애벌레를 거쳐 명주잠자리로 우화하여
비단 같은 천사의 날개를 단채
허공에 떠서 주연배우의 빛을 내고 있다

* 명주잠자리 애벌레가 개미를 잡기 위해 파놓은 함정

머리 감은 시

덥수룩한 머리 감고 돌아서면
희끗희끗 비듬이 한 움큼씩 쏟아진다
빨랫비누가 특효라는 속설에
샴푸 대신 썼지만 아무런 반응이 없다
훙건한 땀과 범벅이 될 뿐이다

창포 향기 그윽한 샴푸를 사용하니
고슴도치처럼 뾰족뾰족 솟아오른
머릿결이 한결 차분해진다
빗으면 빗을수록
비단결같이 부드럽고 곱디곱다

과중한 일을 하다보면
일 주일이 눈 깜빡 할 사이에 지나간다
머리도 감지 못한 채 해종일 일하랴
흐트러진 머리칼처럼
새벽부터 마음만 분주하다

촘촘히 박힌 올곧은 참빗으로

수차례 벗고 또 벗어 내리자
한행 한행 붙어있는 서캐
하얗게 잡아 백지에 날리자
찰랑찰랑 갈색 모발이 물결치고 있다

대학찰옥수수

노처녀의 속타는 심정을
누가 해소해 주랴
한껏 달아오른 칠월의 땡볕에
한눈이 꽂혔나 보다

작은 바람 한 점에도 흔들흔들
잘근잘근 애무를 받더니
전율을 느끼며
바싹바싹 타들어 간다

더 이상 두고 볼 수 없어
주인의 손길은
갑옷 같은 청치마 걷어낸다
겹겹이 끼어 입은 속치마
한 꺼풀 한 꺼풀 벗기니
줄줄이 뽀얀 속살이 드러난다

여름내 도도하게 굴더니
체면 차릴 여유도 없이 무너진다

나체의 여신으로 불리며
몸뚱이가 뜨거워진다.
찰찰찰 차진 신음 소리
씹을수록 깊은 오르가즘에 닿는다

다리의 쓸모

한파에 꽁꽁 얼어붙었던 시린 긴 겨울
회초리로 자신을 다스리는 고행 끝에
열반에 오른 금둔사 납월매* 도랑
홍매화가 활짝 피어
사람들의 고독을 은은한 향기로 다스린다

코끝까지 물들인 살찬 꽃샘추위
능청능청 흔들리는 다리처럼
주야장천 갈피를 못 잡지만
만나고 이어주는 진통이 따른다
한 계절 건너기 위해서는

인생길을 걷다 보면 다리가 많다
도랑을 건네주는 징검다리
아슬아슬 물에 잠기는 잠수대교
피난민들 애환이 서려 있는 영도다리
부나비 열정을 태우는 제비다리

우리 모두 하나의 다리였던 것이다

* 음력 선달을 의미하는 것으로 온갖 추위를 이기고 피어나는 매화

관계

손으로 흔들고
발로 차고
돌덩어리로 찍어
깊어진 상처

감출 수 없어 흐르는 수액

말벌
장수풍뎅이
사슴벌레의
진수성찬

도토리묵
한 접시 오천 원

배고픈 다람쥐

똥개의 지도

오줌똥 못 가리는 똥개는
이불에 오줌 싸고
시침이 뚝
이불을 자기네 것이라고 우긴다

고혈압

물비늘 번쩍이는 수면 위로
가을 햇살이 한 움큼씩 출렁거린다
거기엔 분명 누군가의 압력에
부글부글 끓어오르고 있었다

시치미 뗀 강물은
수로를 만드느라
짙푸르게 멍든 것이다

깜짝 놀라 맥없이
뇌출혈로 의식을 잃어 깨어날
기미가 보이질 않는다

안경 쓴 앰뷸런스 앵앵거리며
허겁지겁 달려왔지만
귀하게 대접받던 미식가의 수라상
쏘가리며 금강의 어름치는
문상객 똥파리 떼의 잔칫상 차림이었다

흐를 수 없는 슬픈 강물
이 강의 주인은 사람이 아니다
녹조는 묘한 슬픔의 앙금이 되었다

고추의 품격

긴 겨울의 터널을 벗어나
성급하게 찾아온 봄기운에
비닐하우스 안에서
아낙들의 자지러지는 웃음소리가 들린다

남자의 자격 서방님 대물 무한질주 등
다양한 고추 씨앗을 파종한다
여러 품종을 놓고
경험담을 이야기하니
웃음보가 터진 것이다

파종과 발아를 거쳐
땡볕에 빨갛게 잘 익은
실한 고추지만
양근을 만든다는 것은
여인의 섬세한 손끝에서 비롯된다

햇볕에 골고루 뒤집어 가며 말린다
썩은 것은 도려내고

후줄그레한 희나리는 골라내어
질 좋은 상품으로 가치를 높이는 것이다

대중목욕탕에 가보니
고추는 남자의 품격이다
어린아이는 고래가 되었고
어른들은 리모델링 공사를 하여
토종은 찾아볼 수가 없다

작은 고추가 맵다는 것은 이젠 옛말이다
아삭이고추 꽈리고추 월남고추와 같이
온갖 개량종이 판을 치고 있다

저기압 이후

남동쪽 고온다습한 북태평양의 고기압과
북서쪽의 차가운 대륙성 저기압이 충돌했다

매우 불안정한 대기에 비구름 대를 발달시킨 양
부부는 티격태격 실랑이를 벌이다
등 돌리고 말하기를 거부한 냉기류가 흐른다

중부지방에서 북상하던 장마전선의 영향으로
호우특보가 발효된 가운데 먹장구름 몰려왔다
장대비처럼 퍼붓는 갱년기 아내의 잔소리가
눅눅한 삶에 질퍽하게 젖어든 것이다

우르릉 쾅 우르릉 쾅쾅
천둥번개는 가슴에 못 박는 소리로 파고든다
이내 강풍을 동반한 게릴라성 폭우로 돌변
한바탕 퍼부어대니 불안하던 마음마저
비 개인 하늘 황홀한 쌍무지개로 걸려 있다

길손

모든 것이 제 것인 양
논두렁 밭두렁 차지하며
이리저리 뻗은 호박넝쿨이 풍성하다

여름내 땡볕에 엎드려
애호박 신세 면하더니
가을볕에 누렇게 뜬 채
한줄기 생명줄에 매달린
늙은 호박덩이가 보인다

솔솔바람이 더해가고
고요한 기운 감도는데
링거줄에 의지한 그는
숨 쉬기조차 버거운 듯
눈길조차 맞추지 못한다

밤 기온에 한기가 퍼졌는지
송골송골 이슬이 맺히더니
누군가의 손길에 길손이 되었다

간벌작업

초등시절 민둥산을 푸르게 가꾸는
녹화사방사업은 대대적으로 전개되어
식목일이면 책가방 대신 삽을 들고 등교하였다

산등성과 이어지는 은모래 백사장에
이발사 최씨 영감 대머리에 가발을 짜듯
촘촘히 플라타너스를 심었다

심는다고 다 재목이 되는 것은 아니다
거름을 주고 잡초를 제거하면서
휘어져 애당초 싹수가 없는 것은
잡목으로 솎아베기 작업이 필요한 것이다

명분 없는 구조 조정으로
수족처럼 함께한 직원을 내보내야 하는 것은
내가 심은 나무를 내 손으로 베어내는 일이다
전기톱 돌아가는 소리 날카롭게 들리고
송전철탑 위에 매달린 까치떼 살려 달라 아우성이다

빛 한 줌 없는 긴 터널을 지나오면서 얻은
바늘방석 같은 참봉자리 모가지가 댕그랑댕그랑
그리 머지 않는 날 나에게도
떠나라는 반갑지 않은 문서 한 장 날아들 것이다

어제는 심고 오늘은 베어내지만
거센 저항을 이겨내야
주렁주렁 참다운 열매가 맺힐 것이다

개망초

논두렁 밭두렁 버려진 빈터에서
홀씨가 떨어져 군락을 이룬다
빗살처럼 가지런히 둘러싼
하얀 꽃잎 위에
결 고운 샛노란 고운 미소

그러나 어쩌면 좋은가
꽃이 아닌 잡초라고
눈길조차 주지 않는다
개똥이 개꿈 개살구 개망초
늘 함께하면서도 괄시를 받는다

세상살이 메말라도
잘난 체하는 것들은
손발 비비며 빌붙어서 살아남는다
비빌 언덕이 없다고
세상을 버릴 수는 없다

유월의 초록빛 대지 위에

밟히고 뽑히고 잘려도
다시 일어나
궁시렁궁시렁 피어나는
환한 망초꽃 얻을 수 있기 때문이다

개와 사람과의 관계

녀석은 허구한 날 개가 되어
밤낮없이 왈왈 멍멍 짖어대
큰 마을 고샅이 시끄럽다

어제는 제 아내를 물어뜯더니
오늘은 가재도구를 부숴
경찰차가 사이렌을 울리며 달려왔다

옆집 사람은 언제 물릴지 몰라
이사를 갔고
자식들은 불안에 떨다가
슬금슬금 뒷걸음질 치더니
코빼기도 안 보인다

지나가는 사람들이
한 마디씩 거들먹거린다
인간 같지 않는 놈이라고

사람은 개가 될 수 있지만

개는 사람이 될 수 없다

고향 가는 길

대청호 굽이굽이 흐르는
잔물결 위 벚꽃 흩날리고
막 피어난 연초록 풀잎 위에 내리는
여린 햇살 감당할 수가 없구나

가는 길마다 화사한 꽃터널 만들어
정겨운 봄날에 눈이 부시도록
아름답고 마음 설레인다

금빛으로 꽃잎 쏟아내는
어부동길*
은빛에 흩날리는
꽃가루를 어디에 담아두란 말인가

사랑의 열병으로 식을 줄 모르는
그리움 껴안고 꽃길을 걷는
청춘 남녀가 떠난다면
허전한 마음 무엇으로 달랠 수가 있단 말인가

그 꽃그늘 아래에서 사월을 노래하고 싶다

* 가양공원을 거쳐 대청댐을 끼고 속리산 가는 길

관심경보

숨을 할딱이는 폭염 속에
전력수급 부족으로
메뉴얼상 관심경보가 발령되었다

그녀는 미동도 않고 쇼켓 냉장실 안에서
눈웃음으로 꼬리치며
온종일 나를 유혹하며 해 지길 기다린다
참한 이슬 같은 그녀의 눈빛

마음의 문을 열고 잔이 넘치도록
정을 가득 담아 주고받으니 홍알홍알
망각의 늪으로 한발 한발
영혼을 끌고 들어가니 빠져나올 수가 없다

내가 사는 일이란
관심경보를 해제시켜
미련 없이 그녀를 떠나보내는 것이었다

갈 대

대청호 물안개
머금고
피어오르던 푸르른 갈대

짧은 가을 햇살
머리에 이고
한줌 바람에
흔들리고 휘청거리며
몸살을 앓는다

아름답다
은빛 그리움에 하얗게 늘인 흰 머리

순백을 지키며
은빛 꿈 너울대던
노을에 젖어
황홀하게 반짝인다

제3부

고리산

꽃산 건넛마을
겨울 외투 바람에 날려
잔설 봄기운에 산토끼 목축이고
부처당 큰 바위
산비둘기 신접살림 차려주고
등선 타고 이는 바람 꼬까옷 갈아입네

태고의 숨결이 살아 숨쉬는
전설의 고리산*
아흔아홉 봉우리
도토실 이청샘 물길터
뜨거운 땅기운 생기 솟아
기름진 문전옥답 이루고

여인의 속살같이 펼쳐지는
산 그림자 받쳐 인 대청호 아침 햇살
여린 바람에
안개꽃 흩날리네

*충북 옥천군 군북면 항곡리에 소재한 산

기념촬영

국회의원 기념촬영이라는
카톡을 친구가 보내왔다
불독 진돗개 똥개 잡종까지
수백 마리를 모여 놓고
기념촬영을 한 것이다

배꼽이 빠지게 웃다가
씁쓰름한 웃음으로 변했다
집을 지키지도 못하면서
허구한 날 밥그릇 싸움질만 하니
똥개와 공통점이 맞아 떨어진 것이다

배가 고프면 주인도 몰라보고 짖어대다
먹을 것을 던져주면
오장육보를 다 빼주는 시늉으로 아양을 떤다
자기 밥그릇에 손을 댈라치면
앙칼지게 짖어대며 이빨을 세운다

무슨 말을 하든지

하나 믿을 수 없는
TV에 등장하는 개소리다
매도 맞을 때뿐
우르릉으르릉 미치면 약도 없다

기회를 엿보다

대전 3대 하천을 정비하면서
중간중간에 징검다리를 놓아
먼 길을 돌아가지 않고서도
건너갈 수가 있고
추억으로 들리는 사람이 많다

장마라 하천에 물이 많이 불어나
떨어지는 모양새가 폭포수 같다
사람이 다니지는 못하는데
물소리가 경쾌하게 흐르니
듣기도 보기도 좋아 구경꾼이 모여든다

어디선가 왜가리 한 마리가 날아와
하늘을 빙빙 돌더니
위험을 무릅쓰고 급류 앞 돌 위로 하강
튕기는 물방울을 주시하고 있더니
부리를 내미는 순간순간
하얀 비늘이 요동을 치며 입으로 들어간다

피라미는 포말에 흥분을 하는지
톡톡 튀어 올라 급류 속으로 다이빙한다
빠른 물살에 유영하는 물고기보다
이때 먹이 사냥이 수월하기 때문인 것이다
배를 채웠는지 날개를 펼친 왜가리
새대가리가 아니라는 듯 영리하다

사람도 누구에게나 기회가 주어진다
성질이 급해서 쉽지 않지만
자신이 조준한 타깃을 응시하면서
오래 기다려야 먹이를 얻을 것이다

꽃샘

무슨 미련에 떠나지 못하고
당겼다 놓았다 세력 다툼이
만만치 않더니만

경칩 날 꽃샘추위
화들짝 놀란 개구리
오도가도 못하는 처량한 신세

거드름피던 봄바람
산마루 걸터앉아
내 탓이오 빌건마는
동태된 개구리 눈만 꿈뻑꿈뻑

어차피 가야 할 길이라면
미련 없이 떠나야지
한 걸음 삐끗
천리 만길 낭떠러지

둥근 서슬

해마다 그랬듯이 12월 31일 한해 끝자락
수많은 회환의 조각들이 퍼즐로 다가온다
기뻤던 일 썰물처럼 쓸려가고
슬펐던 순간 밀물처럼 밀려온다
내 안에서 회오리쳤던 공명들은
여리고 여린 귓전에 윙윙거린다

언제나 해가 바뀔 때마다
잘해 보겠다는 서두는
진작 꼬리말도 남기지 않았다
속고 속이며
뒤죽박죽 정신없이 보낸
하루하루가 소중하고 감사할 뿐이다

좁고 험한 출구지만
또 걸어가야 하지 않겠는가
인생사 그렇게 굴러가고
세월 속에 묻혀 흘러 가다보면
퍼런 서슬이 깎여 둥글어지지 않겠는가

둥지 틀기

혼탁한 미세먼지에 잠잠하던 병이 도진
제비도 아닌 떠돌이 휘파람새들이
박씨를 주겠다고 떼 지어 나타났다
서로 텃새인 양
둥지를 틀기 위해
어설픈 몸짓으로 애를 쓰지만
새 집 짓기가 만만치 않다

빌딩마다 걸려있는 대문짝만한 사진
얼굴 알리기 눈도장 기초를 다지는 것이다
생면부지 귀하신 몸께서
언제 봤다고 아는 척
악수와 명함으로 골조를 세워
감언이설로 마무리 공사를 하지만
바람에 허물어지기가 일쑤다

호시탐탐 노리는 천적에
공격을 당하고
둥지 없는 무정 탁란에 떠밀려

빌붙을 셋방조차 구하기 어렵다

말의 집

국정감사가 한창이다
텅 비어 있던 마긋간에 불이 켜지고
고삐 풀린 망아지들
말갈기를 치켜세운다

내가 나를 알리려
호통치고 야단치며
과자 부스러기 같은 말들을 흘린다
야구선수인 양 톡톡 던지더니
말꼬리를 물고 설전을 거듭한다

신문 티브이 인터넷 SNS
너나 나나 할 것 없이 북새통
마구 쏟아내는 말들의 사해 속에서
허우적허우적

헐뜯고 모략하고 비난하고
자칫하다간
활어회집 도마 위에 오른다

알탕 꼬리탕 매운탕까지

말은 놀란 만큼
앞발을 치켜들다가
말의 집을 뛰쳐나간다
그래서 말은 고삐를 쥐는 것이다

매미

그들의 울음에는 엄격한 질서가 있다

수컷 한 마리가 울기 시작하면
다 같이 합창이 시작된다.
제각기 울면 소리의 교란이 생기므로
실시간 피드백을 통해 동기화하여
생명의 질서를 지키려는 것이다

변신의 귀재를 능가한 양반들
밥값도 제대로 못 하면서
저 잘났다고 쓰부렁쓰부렁 떠벌린다
이중성격으로 유체이탈을 구사하여
존재가 사라질까 두려운 몸부림으로
전기가 부족한지 촛불로 어둠을 밝힌다

한밤에 열대아를 견디며 떼울음으로 운다

매미의 허물

한여름이면 탄생을 준비하는 숲이
제 짝을 찾는 경연장으로
계절처럼 뜨겁고 바빠진다

맴맴 참매미 쓰름쓰름 애매미 치이치이 털매미
쓰라름쓰라름 저녁매미 지이지이 우는 깽깽매미까지
야외 오케스트라 연주회에 끼어 한낮을 흔든다

지휘자는 없지만 애절한 음색으로
세상을 향해 목청이 터지도록
추억의 한 페이지를 만들어 준다

전 생애를 땅속에서 보내면서
죽을 고비 수없이 넘기고
오늘에서야 인생의 허물을 벗는 날이다

밥그릇 싸움

때가 되었나 보다
온종일 코빼기도 보이지 않더니만
배가 고픈지 쪼르르 달려와
방가방가 꼬리를 흔들며 아양을 떤다

설마설마했더니 또 속았다
개 짖는 소리가 우렁차고
물고 뜯는 이빨이 어떻게 센지
집 지키기엔 제격이다
잘 섬기겠다는 감언이설에
지역 대표로 선출한 것이다

선발된 여의도 개 사육장에는
진돗개 삽살개 풍산개 불독 셰퍼드 등
다혈질이 다 모였다
보잘것없던 개들이 금견줄 목에 걸고
붉은 양탄자 카펫을 거닐며 개폼을 잡는다
개 팔자 상팔자로 신분이 바뀐 것이다

유유상종이라고
똥개니 명견이니 편 가르기 심하더니
진돗개당 철밥통 그릇을 차지했다
이에 격분한 풍산개당
살겨 묻은 것을 문제 삼아
으르렁거리는 개소리가 끊이질 않는다

밥값도 못하는 것들이
허구한 날 짖어대니 사방이 시끄럽다
화가 난 주인 개장사 불렀더니
고개를 절레절레 흔든다
이것저것 옵션이 많이 붙어
그야말로 몸값이 금값이란다

똥 맛에 길든 개들이
고급사료에 입맛을 돌려
고기 품질이 저하되었단다
정월에는 보신탕을 먹지 않아
초복 때까지 키우면 적자란다

개는 몽둥이로 잡아야
고기 맛이 연하다는
선조들의 말씀이 들려오는 듯하다

백목련

긴 겨울 침묵으로 견딘 고난 끝에
꽃샘바람 오락가락하던 사이
설레임으로 감았던 나이테 풀며
하얀 웨딩드레스로 갈아입은 백목련

부끄러운 미소를 머금은 꽃망울은
신부입장과 동시에
생애의 최고의 모습으로 피어나
행복한 축복의 세례를 받는다

순결한 꽃의 잔치가 끝나기도 전에
살랑이는 비바람에 늙은 꽃잎
간밤에 우수수 떨어져
빛바랜 추억으로 남는다

한순간 피었다가 지나가는 계절에
새로운 사월의 눈으로 돋아
회피할 수 없는 예정된 사연으로
봄바람에 날리는 한 점 꽃잎으로 남았다

밴댕이

주지하다시피 밴댕이는 맛보다
이름으로 유명세를 탄 생선이다
세상에 알려진지 오래지만
고기를 보거나 회나 매운탕까지
고요히 맛본 사람이 흔치 않다

얼굴이 훤하고 허우대는 멀쩡한데
속이 좁은 사람을 부를 때
밴댕이 소갈딱지라 부른다
성질이 급해 잡히자마자 죽는데
내장기관이 짧아 스트레스에 약하다

현대를 살아가는 사람들은
큰 덩치에 비해 밴댕이가 되어간다
컴퓨터 스마트폰에 의존하다 보니
여유가 모자라 제 풀에 스스로 죽는 건
마음이 넉넉지 않기 때문이다

보태기와 빼기

말을 전달하는 보태기와 빼기가 있다

보태기는
가진 자의 하수인으로 빼기고 싶은 몸짓

빼기는
나쁜 사람을 아름답게 꾸미는
금전에 길든 설 무당

악마라는 편집으로
눈 가리고 아옹
미련하게 하늘을 가리는 손바닥

눌러도 납작해지지 않는
그의 얼굴은 어디에 있는가

더 하지도 말고 빼지도 말아야지

불청객

겨울에 껴입었던 외투를
봄빛 햇살에 벗으니
속살이 하얗게 드러난다
겨우내 방구들 신세 탓에
뱃살이 파도치듯 넘실거린다

나이가 들수록
반갑지 않은 손님이 찾아온다
그간의 고질적 폐단과 습관
양파 껍질 벗겨내듯
하나하나 내려놓아야
노인의 품위를 누릴 수 있다

군살을 한 꺼풀 한 꺼풀
눈부시게 벗겨낼 때마다
눈물이 찔끔 거린다
별것 아닌 것 같으면서
깃털처럼 가벼워지는 만큼 매섭다

철석철석 배를 쓸어내리며
듣직하게 여기시던 어머니
낡은 습관을 버린
홀쭉해진 빈 배가 안쓰러운 것이다

붉은 흔적

가마솥에 푹푹 삶는 듯한 찜통 더위
새벽 눈뜨기가 무섭게
무력의 열기처럼 후끈후끈 달아오른다

한밤중까지 식을 줄 모르고
끈적끈적 진땀을 빼내는 열대야
엎치락뒤치락 밤새도록 열 받아
부글부글 심신이 지쳐간다

찌글짜글 그칠 줄 모르는 아내의 잔소리
날아오는 고사포 쾅쾅
맞불 놓는 고성능 확성기 왕왕
무엇 하나 녹록치 않은 8월이다

온갖 열기만 더하고 더하니
속에선 천불이 난다
한 줄기 소낙비 내리길 간절히 바라는데
모기떼 윙윙 진한 애무에
얼룩덜룩 붉은 흔적만 남는다

분재

일상에 지쳐 있을 때 가끔 산을 찾는다
산세가 험한 길을 오르내리다 보면
때 묻지 않은 비경과
경이로운 희귀식물을 접하게 된다

흙 한 줌 없는 절벽 틈새에서
만고풍상의 시련에 맞서
뿌리를 내린 소나무 한 그루
꺾이지 않으려는 몸부림에 상처투성이다

번들번들 탐욕의 눈에 비추면
뿌리까지 뽑아오고 싶은 거
관심이 없으면 땔감도 안 되는 잡목일 뿐
보고 느끼는 낙차가 크다

사람이나 나무나 환경 따라 변한다
뽑히고 잘린 물리적 결핍
심지가 굳어 고독한 칼바람에 부대끼며
단단하게 뿌리를 내릴 것이다

비빔밥

맛이 좋다는 풍성한 입소문에
길게 늘어선 줄의 꼬리에
달랑달랑 매달려 군침을 삼킨다
파릇파릇 새싹 돋은 싱싱한 푸성귀
갖은 양념으로 어울렁더울렁 비빈다
입안에서 감탄하는데
난 시큰둥하다 못해 뭉클해진다

소박한 그리움이 유년시절을 펼친다
모락모락 뜸을 드린 꽁보리밥
장작불에 구수한 된장국
여린 열무에 참기름 한 방울로
오몰락조몰락 비벼 주시던 맛을
차마 잊지 못하기 때문이다

새삼스레 이어지는 우리의 기다림은
기나긴 여정이면서 찰나의 순간이다
기쁨과 행복만 있으면 좋으련만
맵기고 짜기도 싱겁기도 한

희로애락으로 버무려진 비빔밥 같다

한 번에 입맛을 자극해서 끌어 들이는
일회용 인스턴트보다는
소금으로 간을 맞추고
깨소금으로 감칠맛을 더해주듯
한시절 짭짤하게 넘겨야겠다

비둘기

입동이 지나자 햇볕이 꼬깃꼬깃 접히고
휑하니 찬바람이 불어
빈 나뭇가지에 매달린 슬픔마저
하나둘씩 뚝뚝 떨어져 내린다

바삭바삭 낙엽 구르다 머문 양지쪽에
옹기종기 비둘기 몇 마리
사람들이 던져주는 모이를 쪼아 먹으며
곁눈질하는 눈동자가 불안스럽게 흔들린다

목적 없이 떠도는
마음은 이미 죽어버린 존비
우리로 엮인 나 아닌 나
자유에 대한 영혼일지도 모른다

어둠이 내리고 숨결까지 식은 곳
죽은 자의 무덤인 듯
결별을 위한 몸짓으로
까맣게 널브러진 종착역

슬픔 없는 문상객의 발길만이 분주하다

제4부

물방울
의 길

빈집

켜켜이 녹물 뒤집어쓴 양철 대문
거미줄로 엉키어 잠긴 채
주인 잃은 마당에는 잡초만 무성하네

별빛 새어나는 처마 끝에
대롱대롱 매달린 씨오쟁이
봄 햇살 내리거든
묻어 달라 바람에 전하고

손마디 저리도록
땅뙈기 일구던 낫과 괭이
헛간에 내던지고
저마다 어디로 떠나갔나

찢어진 문풍지 황소바람 몰고 와
마음 시리운데
허물어진 굴뚝엔
청솔가지 태운 연기 언제 날까
오늘 밤도 동구 밖엔

부엉이가 슬피 우네

사월의 노래

초록초록 꿈 실은 햇살은
근질근질 발길 앞세워
가만히 앉혀두질 않습니다

초록을 앞 세워 펼쳐지는
싱그러운 햇살은
실록을 감싸며
더욱 짙게 울어 버립니다

가만 가만 앉아 있어도
오월의 환희에 힘이 솟아
어둠 늪에서 꺼내 줍니다

담장을 에워싼 빨간 장미 넝쿨은
잃어버린 세월을 잡아 세우고
살며시 떠나려는 이 봄을 잡아
환희의 노래를 들려줄 것입니다

누구라도 훔치고 싶은

사월의 풋내음

새로운 보금자리

으스름 달빛에 얼룩진 단풍이
을씨년스러운 늦가을이다
하늘빛을 그대로 품은
바닷길로 떠났던 어족처럼
어미의 젖 내음 찾아 고향으로 돌아왔다

좁디좁은 그곳에서
아등바등 퍼덕거리다가는 미래가 없어
망망대해 거친 파도 가르며 모험을 한다
암초에 부딪히고 천적을 피해
생명력을 키워가는 긴 여정
셀 수 없는 세월이 찰나처럼 스친다

젊은 사람 도시로 떠나고 망인들이 돌아오는
낡은 경운기 툴툴거리는 늙은 마을
양지바른 산마루에 누일 내 가족들 보금자리
둘레석 치고 갓비를 세우니
바쁘다는 자식들 짐은 덜어준 셈이다

일용할 양식 찾는 일이 곤고해도
세상에 있다는 것은 아름다운 것
걸음은 먼저 마을에 닿았지만
고개 돌리며 자꾸자꾸 돌아본다

수제비

정점에 이른 활화산 위
끓어 넘칠 듯한 바다에
다시마 숲 멸치 떼 지나간 자리
해무가 자욱하다

손가락 감촉으로 쫀득쫀득 치댄 반죽
얄팍얄팍 떼어내
파도 속으로 첨부당첨부당 던지니
구수한 밀 내음 코끝에 스며든다

맛의 진가 자랑삼아
쫑쫑 썬 애호박 감자
스킨 다이빙으로 입수시키니
부글부글 몸부림친다

꼴까닥꼴까닥 군침 도는
숨죽인 기다림에
점점이 떠오르는 돛단배를 보았다

땡감
— 고 김종희에게

강한 비바람과
불볕더위 속에
용케도 견디며
주렁주렁 일렁이더니

아직은 붉게 익기 전
마지막 구월의 땡볕에
아깝게 떨어지니
떫은맛 지울 수가 없구나

수족

꽤 많은 양의 봄비가 주룩주룩 쏟아지는 새벽
외손자를 만난다는 설렘에
바리바리 보따리 들고 고속버스에 몸을 실었다

창밖에 펼쳐지는 연초록 이파리들이
긴 가뭄 끝에 내리는 단비로
싱그르르 생기를 찾아 파닥인다

터미널에 도착하여 스마트폰 열어
부팅부팅 버튼 눌러 보았지만
까마득 화면은 좀처럼 켜지지 않는다

딸내미 전화번호를 알아야 집을 찾아갈 텐데
순간 마음이 뒤숭숭 앞이 캄캄하다
어제 실수로 액정이 깨졌나 보다

그저 문자만 주고받아도 신세계였는데
사용할 때 죽었던 것들이 되살아나
도무지 불편하고 답답하다

어느새 바보인 나의 수족이 되어
대롱대롱 허공에 매달았던 것이다

그리운 어머니

어머니
언제나 불러봐도 그립습니다.
당신께선 싫은 소리 접어두고
쓰디쓴 것은 삼키시며
걱정 속에 세월 묻었습니다

장독 위에 정화수 떠 놓고
자식 치성 비시던
어머니

무엇이 그리 바빠
꽃상여에 맨몸 싣고 울부짖는
자식을 뒤로 한 채
그리 먼 길을 가셨나요

살을 베이는 엄동설한 추위 속에
자그마한 양지 찾아
흰 눈을 이불 삼아 누워 계신 어머니

뒤돌아서면 다가와
에비야 하고 부를 것만 같은
시리도록 그리운 숨소리가
아득한 집에
자리 메웁니다

깨알 같은 어머니의 잔소리가 그립습니다

어머니

거동도 하기 힘든 굽은 허리
망태 메고
온종일 고추 따다
땅거미 짙어지면
고단한 몸 지쳐서 돌아오십니다

입맛 잃어
찬물에 밥 한 숟가락
말아 드시고
거친 숨 몰아쉰 깊은 잠속에
이승길인지 저승길인지 묘연합니다

살아온 한평생
걸리는 것마다 돌부리요
밟히는 것마다 험난한 가시밭길

골다공증에 허리 굽고
관절염에 무릎 쑤시고
얼굴에 저승꽃 피어

마음 서러운데
어제도 오늘도 자식 걱정 앞섭니다

개소리

이웃 섬나라 열도에
개 짖는 소리가 시끌버끌 요란스럽다
한 마리가 짖어대니
너도나도 덩달아 멍멍
아마도 입에 가시가 돋쳤나보다

밖에서는 꼬리를 흔들고 아양을 떨더니
두려움에 눈이 빨갛게 충혈되었다
그칠 줄 모르고 왈왈대는 기세로 봐선
느슨한 우리가 원만한지
날뛰고 싶어 안달이 난듯하다

귀를 쫑긋 세우고 마구 짖어대는 건
자기를 봐달라는 몸짓이다
주인이 주둥이를 사정없이 때리면
조용하다 금세 잊어버린다
정신분열성 근성이 세습되었기 때문이다

옹알이

첫 돌이 지난 외손자는
우우 찌지 외계어를 섞어가며
조금씩 의사를 타진하면서
손짓발짓으로 마음을 전달한다
부족할 땐 울음의 강약으로 뜻을 전한다

시를 쓴다는 것은
아가의 성장 과정과도 같다
생각하며 글을 쓰고 읽고
수정을 거듭해도
좀처럼 와 닿지 않는다

새로운 언어를 얻기 위하여
온갖 고뇌로 몸부림치지만
입속에 맴도는 옹알이

언제쯤 말문이 트일는지 모르겠다

제비와 나방의 관계

새까만 연미복에 흰 와이셔츠를 받쳐 입은
물 찬 제비가 반짝이는 사이키 조명 아래
반질반질한 플로어 위를 날아다닙니다

오랜 고치의 시절을 뚫고 나와
네온사인의 현란한 불빛을 찾아
부나비가 모여 열정의 밤을 보냅니다

알싸한 오색의 음률에 맞춰
여기저기 날개를 파닥이는 나방들
제비의 날렵한 춤사위에 빠진 듯
한순간의 입질에 걸려듭니다

물 찬 제비는 새로운 먹잇감을 찾아
강남으로 날아갔다
오늘 밤도 부나비는
죽음의 덫인 줄 모른 채
불빛을 찾아 돌고 돕니다

쭉정이

촉수가 잘려나간 절지동물처럼
더듬거리며 일을 하는
노인들의 고달픈 소리만 간혹 들리는
고향의 다랭이에 씨앗을 심었다

치장한 양복 대신 어설픈 장화를 신고
귀농대학에서 배운 흉내를 내며
폭염 속에서 잡초를 뽑고 농약을 치며
모든 수단과 방법을 동원했다

겉보기에는 파릇파릇 쑥쑥 자라
탐스럽게 열매가 주렁주렁 맺는다
키질을 해보니 속은 없고
빈껍데기만 소복이 쌓이니
빈 구유 핥던 송아지만 좋아한다

누가 쭉정이라 못 쓴다 하겠는가

청문회

탱자나무 빼곡한 울타리
가시넝쿨 틈새를
요리조리 촐랑촐랑 피해 다니는 방울새
무슨 재주가 있을까

콕콕 찌르고 찔리는 가시에
여기저기 긁히는 상처
가시 돋친 잎들에 지저귐을 접었다
이제 남은 건 날지 못하는 날갯짓뿐

토사곽란

연미복을 차려입은 물찬 제비처럼
하늘 높은 줄 모르고
초고속 질주로
오대양 육대주 종횡무진 누비던 여객기
오만의 극치가 벼랑 끝이다

기차여행에서 먹던 추억의 땅콩
콧대 높은 여왕벌 분심을 산 것이다
급기야 기내가 술렁술렁 흔들거린다
호호불어 눈덩이처럼 커지다가
화려한 여왕벌의 날개죽지
마침내 매없이 꺾이고 만다

지존이니 제일이니 고수니 총수니
이는 얼마나 지키기 어려운 이름인가
하늘 아래 추락하는 것은
어느 족속이나 날개가 있기 때문이다

팝콘

겨우내 꽁꽁 숨겨 두었던
작디작은 꽃망울 알갱이
소곤소곤 살 부비며
기나긴 시간 견디어 낸다

봄햇살
봄내음
봄바람
한입 머금고
여기저기서 터뜨린다
톡톡

고소하고 향기 좋은
팝콘처럼 터진다
탁탁
빨강 파랑 노랑

톡탁톡탁
짧은 입씨름 끝내고

도란도란
꽃그늘 드리우고 있다

파리채

헬리콥터가 비상 착륙을 시도하듯
밥상머리 앉을까 말까
윙윙 날갯짓으로
선회하는 순간 파리채가 허공을 가른다

날렵한 손짓에 아기가 나뒹군다
헛방이 아닌 것을 보니 노련한 솜씨다
앙칼진 육두문자가 쩌렁쩌렁
방안의 공기를 싸늘하게 식힌다

기가 죽어 움쭉달싹 못한 채
죄 지은 양 손을 모아 싹싹 비빈다
참새처럼 재잘재잘 토끼처럼 껑충껑충
꾸러기들의 장난기조차 보이지 않는다

두려움과 불안의 그늘에서
숨이 끊어질 듯 말 듯 하다가
마침내 소낙비를 내리게 한 것이다

양면성

조직 폭력배 J는 자신을 모욕하거나
거부하는 자들에게
무시무시한 보복을 하다 잡혀
17년간 감옥살이를 했다
반성은커녕 증오를 키워
출소 후 폭력으로 일관된 삶을 살다
쇠고랑을 찬 채 독방에서 여생을 마감하게 되었다

남아공 넬슨 만델라는 인종차별에 대항하며
무장봉기를 계획하다 잡혀
진실한 평화가 뭔지를 스스로에게 물으며
27년간 형을 살았다
대통령이 되어 정권을 잡았을 때
자신의 젊음을 앗아간 백인들을 용서했고
흑인들에게는 자신들을 위한 화해를 호소했다

복수를 한 J와 용서를 한 만델라처럼
선택은 자신에게 물으며 결정을 내려야 한다
잘못된 승리는 자신도 부메랑을 맞게 될 것이다

물방울의 길

저자 염종섭

초판1쇄 발행 2016년 11월 11일

펴낸이	김용항
펴낸곳	온누리
편 집	박기동
주 소	충북 청주시 수동 90-4
서울사무실	마포구 양화로 7길 6-16 B-1(서교동 서교빌딩)
전 화	02-324-4790
팩 스	0505-115-6287
출판등록	1986년 12월 6일
등록번호	제아-20호
ISBN	978-89-8367-701-3 03810

값 8,000원